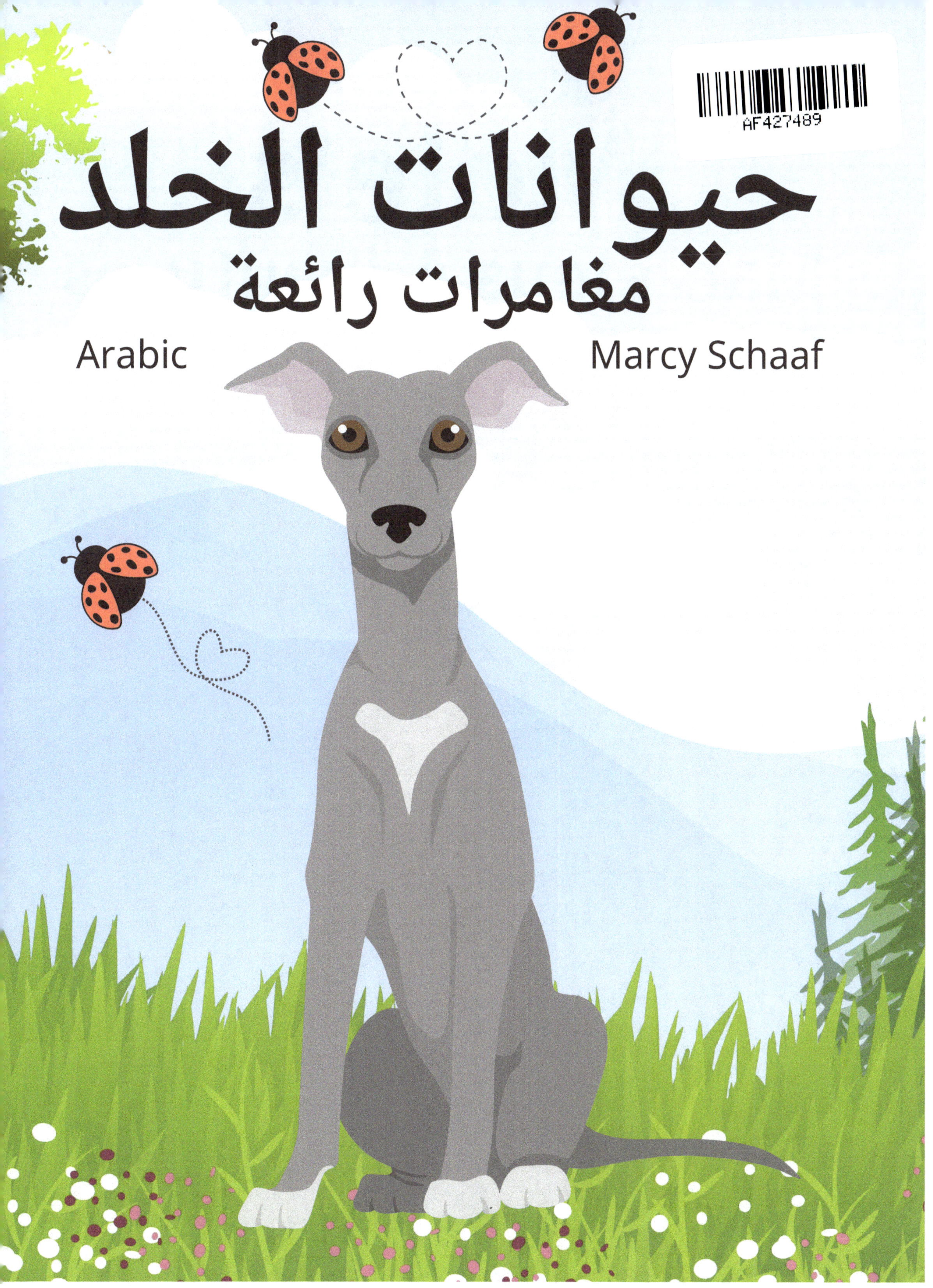

حيوانات الخلد
مغامرات رائعة
Arabic
Marcy Schaaf
AF427489

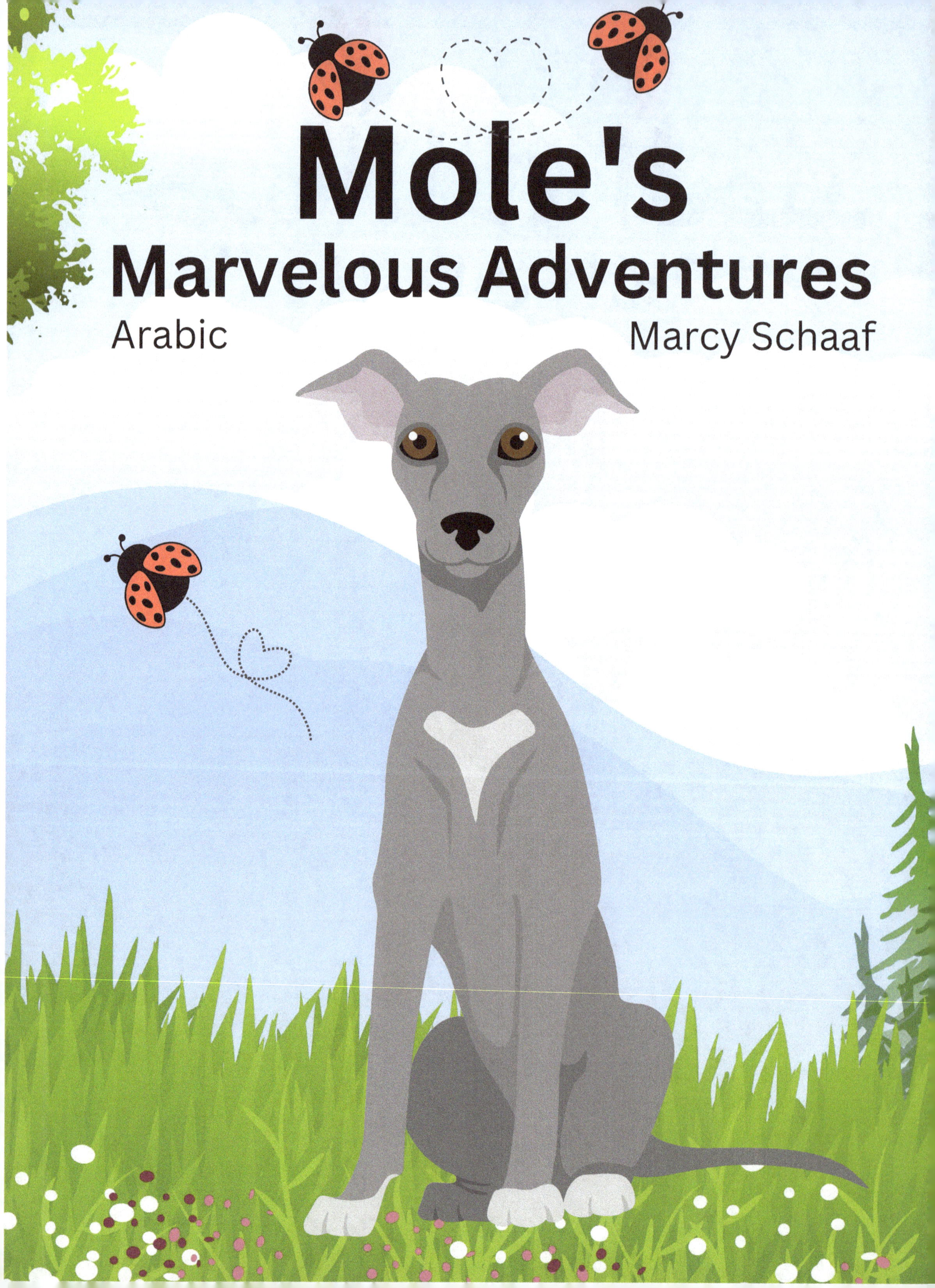

Mole's
Marvelous Adventures
Arabic
Marcy Schaaf

Welcome to the enchanting world of "Mole's Marvelous Adventures"! Join Mole, the spirited dog with a heart full of curiosity, as she embarks on a journey through a magical forest teeming with vibrant wildlife. Each turn of the page unveils a new encounter, a new friendship, and a new lesson, making this tale a celebration of the wonders of nature, the joy of discovery, and the magic of true friendship. Get ready for a delightful adventure that will warm your heart and inspire the little ones to explore the beauty that surrounds them. Welcome to a world where imagination knows no bounds, and every step is a step into the extraordinary!

مرحبًا بكم في عالم "مغامرات مول الرائعة" الساحر! انضم إلى مول، الكلبة المفعمة بالحيوية ذات القلب المليء بالفضول، وهي تنطلق في رحلة عبر غابة سحرية تعج بالحياة البرية النابضة بالحياة. يكشف كل لفة في الصفحة عن لقاء جديد، وصداقة جديدة، ودرس جديد، مما يجعل هذه الحكاية احتفالًا بعجائب الطبيعة، ومتعة الاكتشاف، وسحر الصداقة الحقيقية. استعد لمغامرة ممتعة من شأنها أن تدفئ قلبك وتلهم الصغار لاستكشاف الجمال الذي يحيط بهم. مرحبًا بكم في عالم لا يعرف فيه الخيال حدودًا، وكل خطوة فيه هي خطوة نحو ما هو استثنائي!

Meet Mole, a curious dog with a wagging tail and a heart full of wonder.

تعرف على مول، الكلب الفضولي ذو الذيل المهتز والقلب المليء بالعجائب.

One sunny day,
Mole decided to explore the magical forest
near her home.

في أحد الأيام المشمسة، قررت مول استكشاف الغابة السحرية القريبة من منزلها.

In the forest, Mole met Squirrel,
who taught her how to climb trees.

في الغابة، التقى الخلد بالسنجاب،
الذي علمها كيفية تسلق الأشجار.

Up, up, up they went,
laughing and playing among the
rustling leaves.

لأعلى ، لأعلى ، لأعلى ، يضحكون
ويلعبون بين حفيف أوراق الشجر.

Mole encountered Wise Owl,
who shared fascinating
stories of the moon.

واجه مول Wise Owl، الذي شارك قصصًا رائعة عن القمر.

Under the moonlight,
Mole danced with Fireflies,
lighting up the night.

تحت ضوء القمر، رقص الخلد
مع اليراعات، مما أضاء الليل.

Mole's journey continued to the riverbank, where she met Frog, the jumping champion.

استمرت رحلة مول إلى ضفة النهر، حيث التقت بيطل القفز، الضفدع.

With Frog, Mole hopped and skipped,
creating ripples in the glistening water.

مع الضفدع، قفز الخلد وقفز وقفز، مما أدى إلى خلق تموجات في الماء المتلألئ.

Suddenly,
a buzzing sound led Mole to Busy Bee,
who taught her the sweet art of teamwork..

وفجأة، قاد صوت طنين "مول" إلى "Busy Bee"،
التي علمتها فن العمل الجماعي الجميل..

Together,
they collected nectar and made delicious
honey under the warm sun.

قاموا معًا بجمع الرحيق وصنع العسل
اللذيذ تحت أشعة الشمس الدافئة.

Mole's adventure took a twist
when she found herself face-to-face
with Sly Fox.

أخذت مغامرة Mole منعطفًا عندما
وجدت نفسها وجهًا لوجه مع Sly Fox.

But with clever thinking,
Mole and Fox became fast friends,
playing hide-and-seek until the stars twinkled.

ولكن بفضل التفكير الذكي، أصبح
مول وفوكس صديقين سريعين،
ويلعبان لعبة الغميضة حتى تتلألأ
النجوم.

As dawn approached,
Mole bid farewell to her new friends,
promising to return..

ومع اقتراب الفجر، ودّعت
مولي أصدقائها الجدد،
ووعدتهم بالعودة..

Back home,
Mole curled up in her cozy bed,
dreaming of the marvelous
adventures to come.

في المنزل، استلقيت مول في سريرها المريح، تحلم بالمغامرات الرائعة القادمة.

The next day,
Mole set off on another adventure,
eager to explore and discover.

في اليوم التالي، انطلق مول في مغامرة أخرى، متلهفًا للاستكشاف والاكتشاف.

Through meadows and mountains,
Mole encountered Butterfly,
painting the world with colorful wings.

من خلال المروج والجبال، واجه
الخلد الفراشة، التي ترسم العالم
بأجنحة ملونة.

Together,
they created a masterpiece of beauty
and joy, spreading happiness all around...

لقد صنعوا معًا تحفة من الجمال
والبهجة، ونشروا السعادة في
كل مكان..

Mole's journey continued to a
mysterious cave,
where she met Grumpy Bear.

استمرت رحلة مول إلى كهف
غامض، حيث التقت بالدب الغاضب.

With a kind heart and a ticklish side,
Grumpy Bear soon joined Mole's circle of
friends.

بقلب طيب وجانب دغدغة، سرعان
ما انضم Grumpy Bear إلى دائرة
أصدقاء Mole.

In the starry night sky,
Mole and her friends formed constellations,
telling tales of bravery and friendship.

في سماء الليل المرصعة بالنجوم،
شكّلت مول وأصدقاؤها مجموعات
من الأبراج، يروون حكايات الشجاعة
والصداقة.

A gentle breeze led Mole to Dancing Deer,
twirling gracefully in the moonlit glade.

قاد نسيم لطيف "مول" إلى "الغزلان الراقص"، الذي كان يدور برشاقة في الفسحة المضاءة بضوء القمر.

Mole and Deer danced together,
celebrating the magic of nature
and the joy of friendship.

رقصِ الخلد والغزال معًا احتفالاً بسحر الطبيعة وفرحة الصداقة.

Hula pū ʻo Mole lāua ʻo Deer, e hoʻolauleʻa ana i ke kilokilo o ke ʻano a me ka hauʻoli o ka pilina.

يرقص الخلد والغزال معًا للاحتفال بسحر الطبيعة ومتعة الصداقة.

As dawn broke,
Mole discovered a hidden garden where
Ladybug and Caterpillar
were planning a surprise..

مع بزوغ الفجر، اكتشف مول حديقة مخفية حيث كانت الدعسوقة و كاتربيلر يخططان لمفاجأة.

Mole joined the party,
feasting on sweet berries and dancing
under the blossoming flowers.

انضم مول إلى الحفلة، وتناول التوت الحلو ورقص تحت الزهور المتفتحة.

With a full heart,
Mole thanked her new friends
and continued her journey.

بقلب كامل، شكرت مول
أصدقاءها الجدد وواصلت
رحلتها.

Through fields of sunflowers,
Mole met Chirpy Bird,
whose songs filled the air with melody.

عبر حقول عباد الشمس، التقى مول بـ
Chirpy Bird، الذي ملأت أغانيه الهواء
باللّحن.

Mole and Bird sang together,
creating a symphony that echoed through the
enchanted forest..

غنى الخلد والطائر معًا، مما أدى إلى خلق سيمفونية يتردد صداها عبر الغابة المسحورة.

The forest whispered secrets to Mole,
guiding her to the ancient Tree of Wisdom.

همست الغابة بالأسرار إلى مول، وأرشدتها
إلى شجرة الحكمة القديمة.

Beneath the wise old tree,
Mole learned valuable lessons about love,
kindness, and gratitude..

تحت الشجرة القديمة الحكيمة، تعلم الخلد دروسًا قيمة عن الحب واللطف والامتنان.

Mole's adventures took her to
a sparkling pond,
where Friendly Fish welcomed her with
underwater games.

أخذتها مغامرات مول إلى بركة متلألئة، حيث رحبت بها Friendly Fish بألعاب تحت الماء.

With a splash and a giggle,
Mole and Fish explored the watery wonderland,
discovering hidden treasures.

مع دفقة وضحكة، اكتشف مول وفيش أرض العجائب المائية، واكتشفوا الكنوز المخفية.

Mole's heart swelled with happiness
as she thought of all the friends she
had met on her incredible journey.

امتلأ قلب مول بالسعادة عندما فكرت
في جميع الأصدقاء الذين التقت بهم في
رحلتها المذهلة.

In the heart of the forest,
Mole found a cozy clearing where all her friends
gathered for a grand celebration.

في قلب الغابة، وجدت مول مساحة مريحة حيث تجمع جميع أصدقائها للاحتفال الكبير.

With laughter and joy,
they shared stories, played games,
and danced under the twinkling stars.

بالضحك والفرح، تبادلوا القصص ولعبوا الألعاب ورقصوا تحت النجوم المتلألئة.

As the night came to an end,
Mole realized that the true magic was not just
in the forest but in the
friendships she had made.

ومع انتهاء الليل، أدركت مول أن السحر الحقيقي لا يكمن في الغابة فحسب، بل في الصداقات التي كونتها.

With a heart full of love,
Mole curled up under the moonlit sky,
grateful for the many marvelous adventures
and friends that filled her days.

بقلب مليء بالحب، استلقت مول تحت
السماء المقمرة، ممتنة للعديد من المغامرات
الرائعة والأصدقاء الذين ملأوا أيامها.

Mole
The real life dog this story is about...
She's the biggest sweetheart and loves everyone!

For more stores like this visit our website...
www.BooksBySchaaf.com

Children's books available in 10 languages

You may also like:
The Curious Cow Commotion
Bingo's Magical World
Reggy's on Restriction: A Pawsitive Change
Rory, The Rooftop Raccoon
Ducklings?
Jenny and the Fruit Fly Fiasco

Use this QR code for a
SECRET DISCOUNT
on Mole's Marvelous Adventures
(English Version)

For discounts in other languages
Contact us at
Info@BooksBySchaaf.com